Impressum
Verlag: BABADADA GmbH, Nedderfeld 112 , 22529 Hamburg
Geschäftsführer / Verlagsleitung: Harald Hof
Druck: Books on Demand GmbH, In de Tarpen 42, 22848 Norderstedt

Imprint
Publisher: BABADADA GmbH, Nedderfeld 112 , 22529 Hamburg, Germany
Managing Director / Publishing direction: Harald Hof
Print: Books on Demand GmbH, In de Tarpen 42, 22848 Norderstedt, Germany

学校
škola

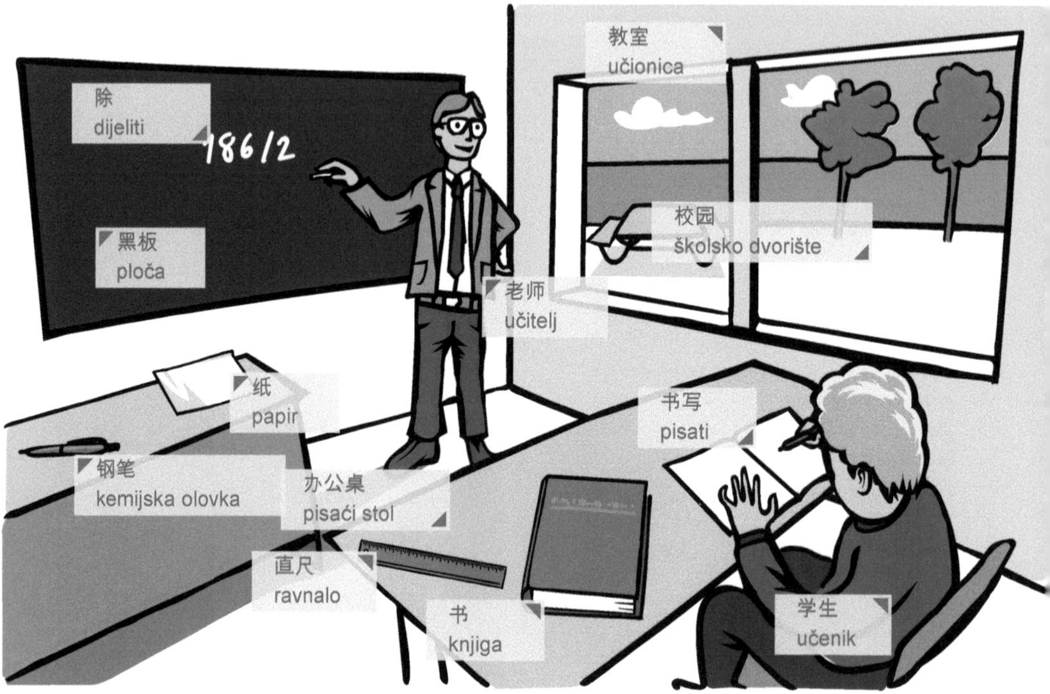

教室
učionica
除
dijeliti
186/2
黑板
ploča
校园
školsko dvorište
老师
učitelj
纸
papir
书写
pisati
钢笔
kemijska olovka
办公桌
pisaći stol
直尺
ravnalo
书
knjiga
学生
učenik

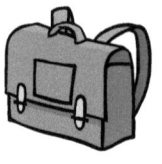

书包

torba

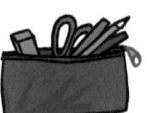

铅笔盒

pernica

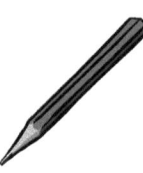

铅笔

grafitna olovka

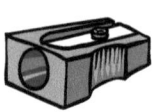

卷笔刀

šiljilo za olovke

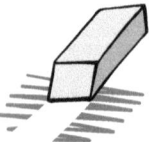

橡皮擦

gumica za brisanje

画板

blok za crtanje

图画

crtež

画笔

kist

颜料盒

kutija s bojama

剪刀

makaze

胶水

ljepilo

练习册

bilježnica

家庭作业

domaći zadatak

12

数字

broj

2+2

加

sabirati

5-2

减

oduzimati

2×2

乘

množiti

计算

računati

A

字母

slovo

ABCDEFG
HIJKLMN
OPQRSTU
VWXYZ

字母表

abeceda

hello

字

riječ

课文

tekst

读

čitati

粉笔

kreda

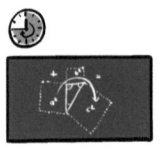

上课

sat

登记

dnevnik

考试

ispit

证书

svjedodžba

校服

školska uniforma

教育

obrazovanje

百科全书

leksikon

大学

sveučilište

显微镜

mikroskop

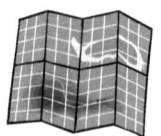

地图

karta

废纸筐

košara za papir

旅行

putovanje

Grand
酒店
hotel
青年旅社
prenoćište
ROOMS
外币兑换处
mjenjačnica
手提箱
kofer
汽车
auto

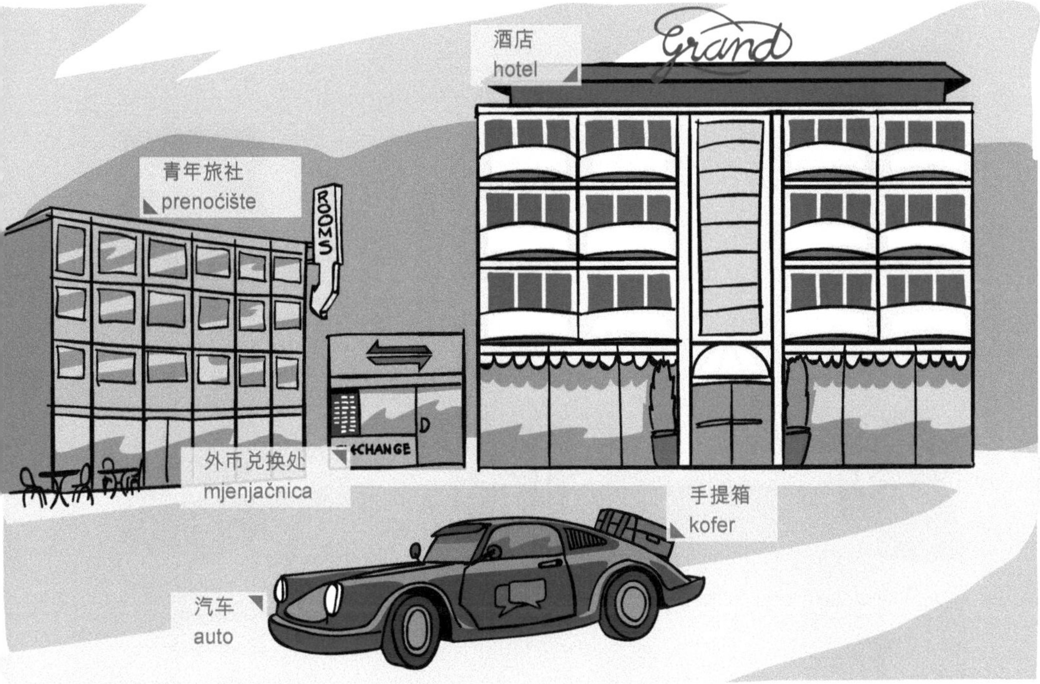

语言

jezik

是/否

da / ne

好的

okay

您好

zdravo

翻译员

prevoditelj

谢谢

hvala

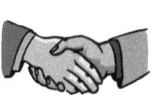

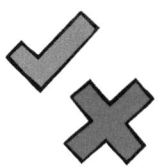

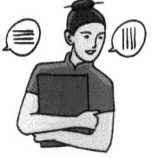

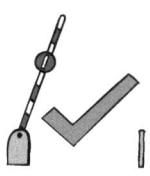

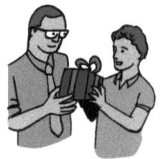

……多少钱？

Koliko košta...?

我不明白

ne razumijem

问题

problem

晚上好！

dobro veče!

早上好！

Dobro jutro!

晚安！

Laku noć!

再见

doviđenja

方向

smjer

行李

prtljaga

包

torba

双肩包

ruksak

客人

gost

房间

soba

睡袋

vreća za spavanje

帐篷

šator

旅游信息

turističke informacije

海滩

plaža

信用卡

kreditna kartica

早餐

doručak

午餐

ručak

晚餐

večera

票

karta za vožnju

电梯

dizalo

邮票

poštanska markica

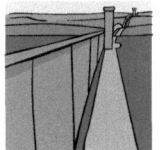

边界

granica

海关

carina

大使馆

ambasada

签证

viza

护照

putovnica

交通运输
transport

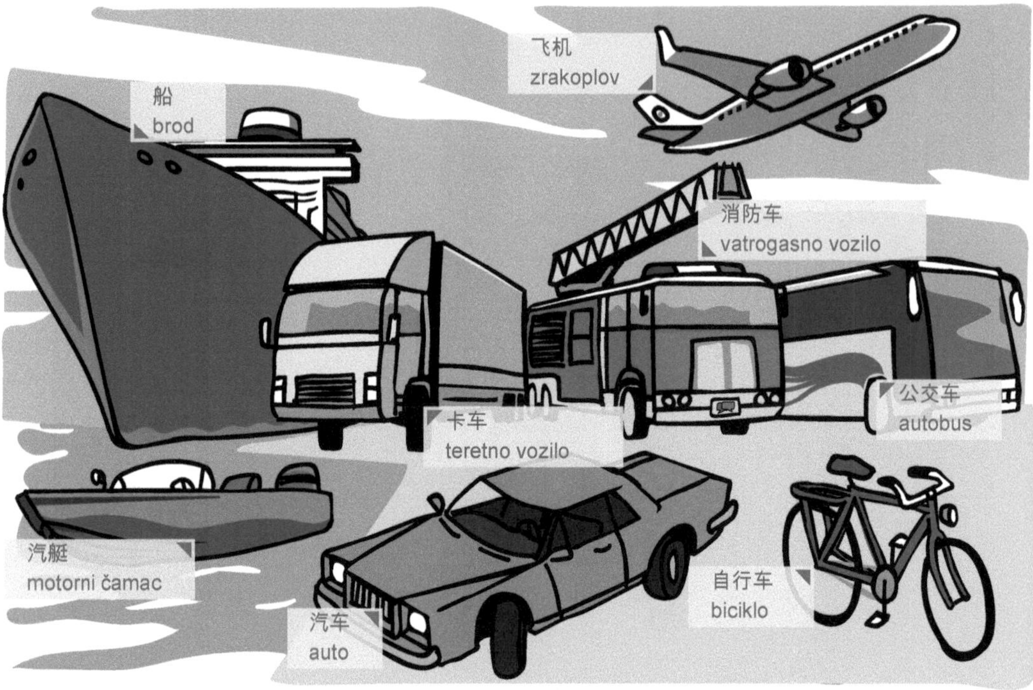

飞机
zrakoplov
船
brod
消防车
vatrogasno vozilo
公交车
autobus
卡车
teretno vozilo
汽艇
motorni čamac
自行车
biciklo
汽车
auto

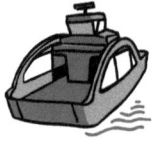

摆渡船
trajekt

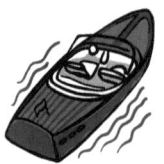

小船
čamac

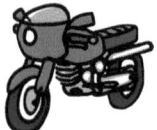

摩托车
motocikl

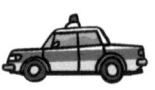

警车
policijski auto

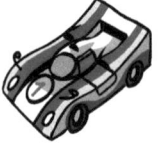

赛车
trkaći auto

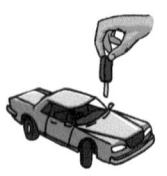

租车
iznajmljeno auto

拼车

dijeljenje automobila

拖车

vučno vozilo

垃圾车

vozilo za odvoz smeća

发动机

motor

汽油

benzin

加油站

benzinska postaja

交通标志

prometni znak

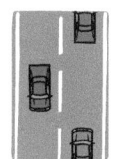

交通

promet

交通堵塞

zastoj

停车场

parkiralište

火车站

kolodvor

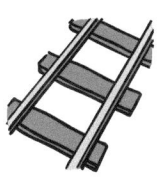

轨道

šine

火车

vlak

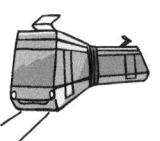

电车

tramvaj

货车

vagon

直升机
helikopter

机场
zrakoplovna luka

塔
toranj

乘客
putnik

集装箱
kontejner

纸板箱
karton

手推车
kolica

篮子
košara

起飞/降落
uzletjeti / sletjeti

城市

grad

村庄
selo

市中心
centar grada

房子
kuća

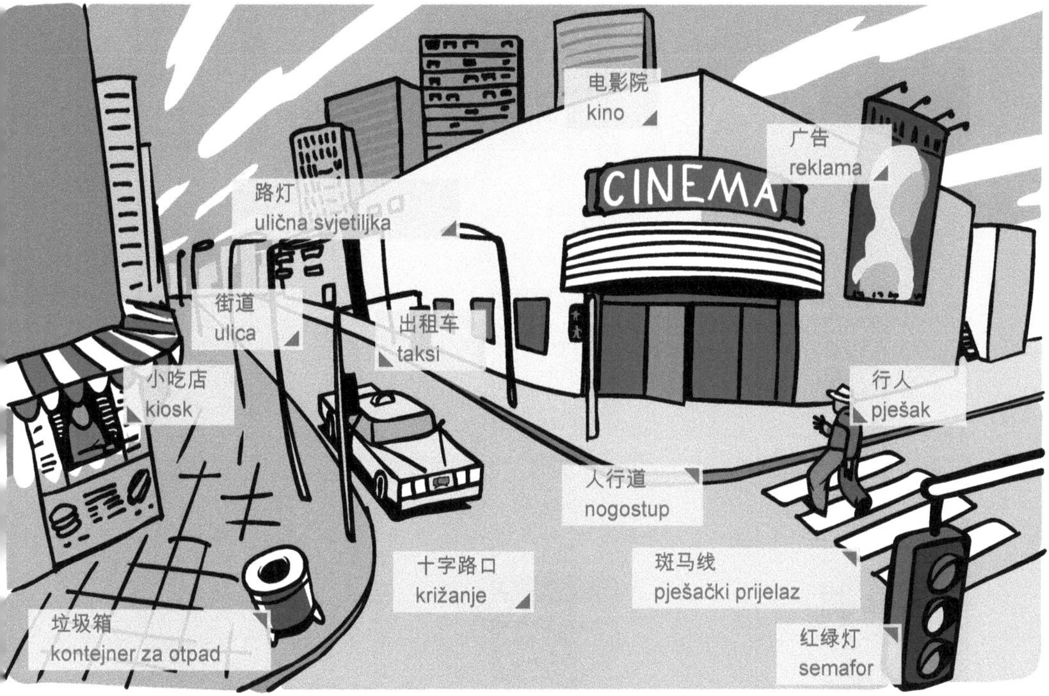

电影院
kino

广告
reklama

路灯
ulična svjetiljka

街道
ulica

出租车
taksi

小吃店
kiosk

行人
pješak

人行道
nogostup

十字路口
križanje

斑马线
pješački prijelaz

红绿灯
semafor

垃圾箱
kontejner za otpad

小屋

koliba

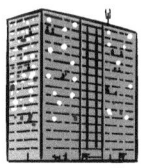

公寓

stan

火车站

kolodvor

市政厅

vijećnica

博物馆

muzej

学校

škola

城市 - grad

大学
sveučilište

银行
banka

医院
bolnica

酒店
hotel

药房
ljekarna

办公室
ured

书店
knjižara

商店
prodavaonica

花店
cvjećara

超市
supermarket

市场
trg

百货商店
robna kuća

鱼店
ribarnica

购物中心
trgovački centar

海港
luka

公园

park

长凳

klupa

桥

most

楼梯

stepenice

地铁

podzemna željeznica

隧道

tunel

公交车站

autobusna stanica

酒吧

bar

餐馆

restoran

邮筒

poštansko sanduče

路标

ulični znak

停车计时器

parkirni sat

动物园

zoološki vrt

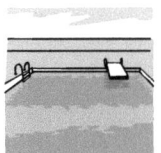

游泳馆

bazen

清真寺

džamija

农场

seosko gazdinstvo

污染

zagađenje okoliša

墓地

groblje

教堂

crkva

操场

igralište

寺庙

hram

地形

krajolik

树叶
list

指示牌
putokaz

路
put

草地
livada

石头
kamen

树
drvo

徒步旅行者
šetač

河
rijeka

草
trava

花
cvijet

峡谷

dolina

山

planina

湖

jezero

森林

šuma

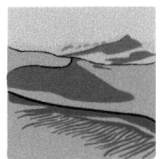

沙漠

pustinja

火山

vulkan

城堡

dvorac

彩虹

duga

蘑菇

gljiva

棕榈树

palma

蚊子

moskito

苍蝇

muha

蚂蚁

mrav

蜜蜂

pčela

蜘蛛

pauk

甲虫
buba

青蛙
žaba

松鼠
vjeverica

刺猬
jež

野兔
zec

猫头鹰
sova

鸟
ptica

天鹅
labud

野猪
divlja svinja

鹿
jelen

麋鹿
los

水坝
nasip

风力发电机
vjetrenjača

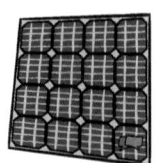

太阳能电池板
solarna ploča

气候
klima

餐馆

restoran

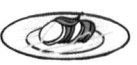

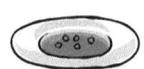

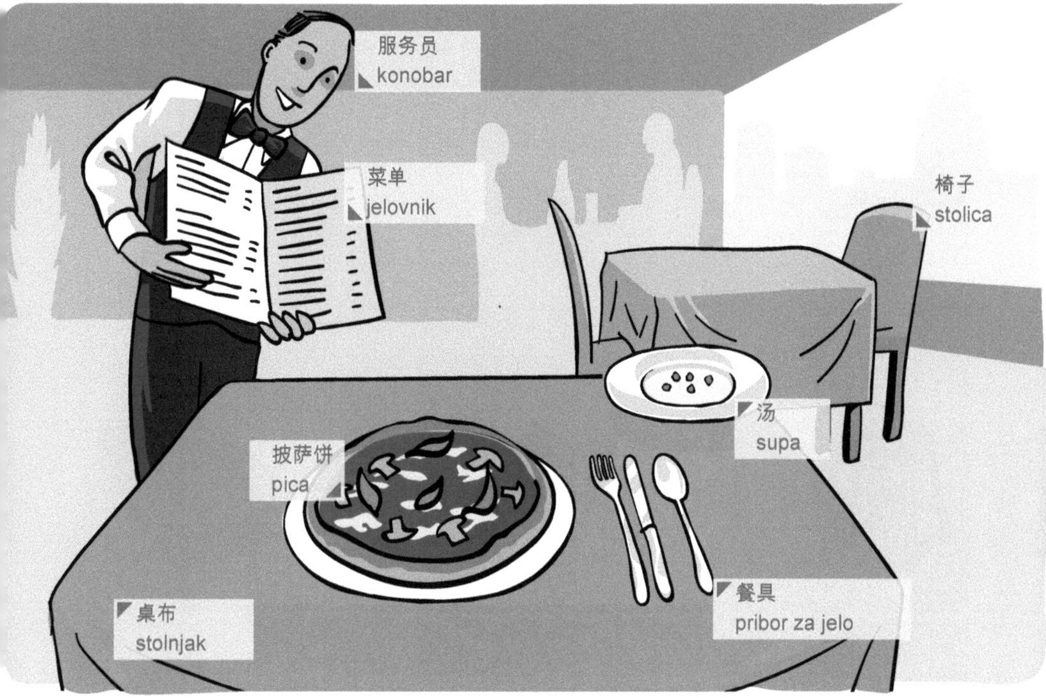
服务员
konobar
菜单
jelovnik
椅子
stolica
汤
supa
披萨饼
pica
餐具
pribor za jelo
桌布
stolnjak

前菜

predjelo

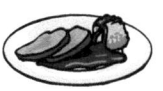

主菜

glavno jelo

甜点

desert

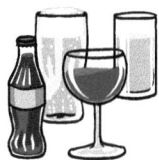

饮料

napitci

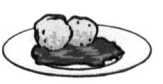

食物

jelo

瓶子

boca

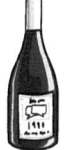

快餐

fastfood

街边小吃

imbis hrana

茶壶

čajnik

糖盒

doza za šećer

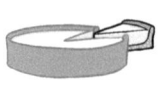

一份饭菜

porcija

意式咖啡机

aparat za espresso

高脚椅

visoka stolica

账单

račun

托盘

pladanj

刀

nož

餐叉

vilica

勺子

žlica

茶匙

čajna žlica

餐巾

ubrus

玻璃杯

čaša

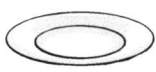

碟子

tanjur

汤盘

tanjur za supu

碟子

tanjurić

酱

sos

盐瓶

soljenka

胡椒磨

mlin za biber

醋

ocat

食用油

ulje

调味料

začini

番茄酱

kečap

芥末

senf

蛋黄酱

majoneza

超市

supermarket

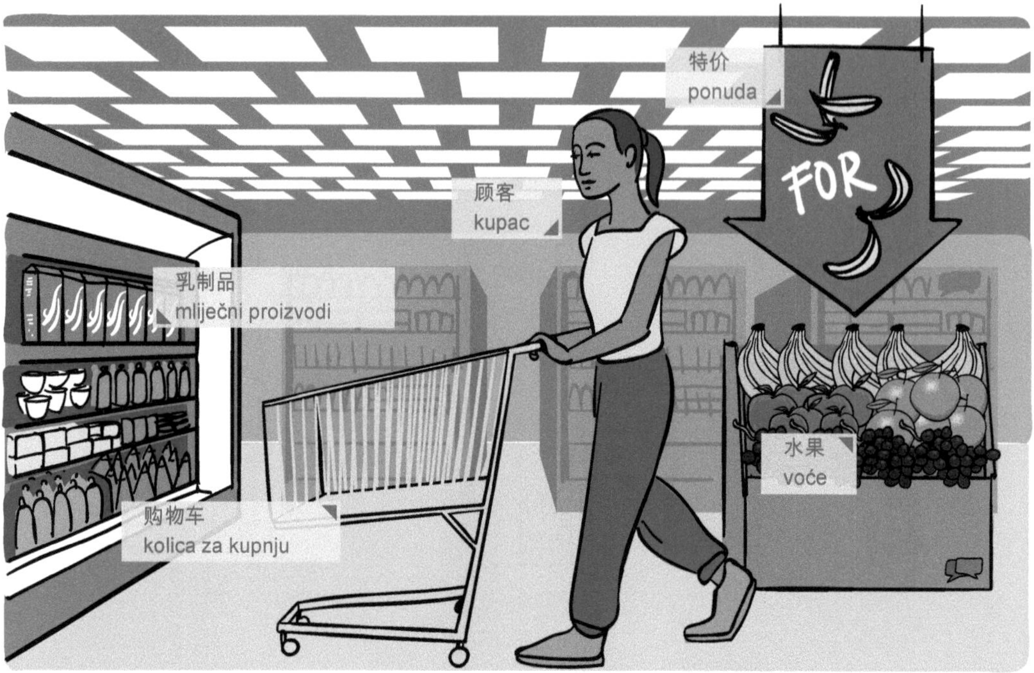

特价
ponuda
FOR
顾客
kupac
乳制品
mliječni proizvodi
水果
voće
购物车
kolica za kupnju

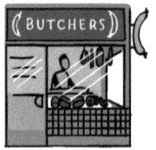

BUTCHERS

肉铺

mesnica

BAKERY

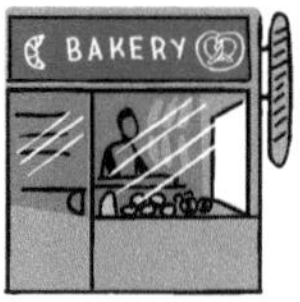

面包房

pekarnica

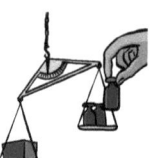

称重

vagati

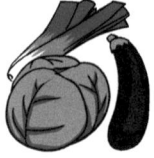

蔬菜

povrće

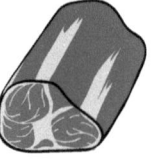

肉

meso

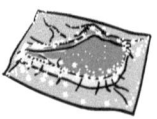

冷冻食品

duboko smrznuta hrana

冷盘

narezak

罐头食品

konzerve

洗衣粉

sredstvo za pranje

甜食

slatkiši

日用品

artikli za domaćinstvo

清洁用品

sredstva za čišćenje

销售员

prodavačica

收银机

blagajna

收银员

blagajnik

购物清单

lista za kupnju

开放时间

vrijeme rada

钱包

novčanik

信用卡

kreditna kartica

袋子

torba

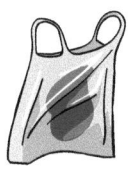

塑料袋

plastična vrećica

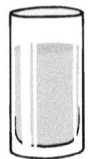

水

voda

果汁

sok

牛奶

mlijeko

可乐

cola

红酒

vino

啤酒

pivo

酒

alkohol

可可

kakao

茶

čaj

咖啡

kava

意式浓缩咖啡

espresso

卡布奇诺

cappuccino

香蕉

banana

苹果

jabuka

橙子

naranča

西瓜

lubenica

柠檬

limun

胡萝卜

mrkva

大蒜

češnjak

竹子

bambus

洋葱

luk

蘑菇

gljiva

坚果

orašasti plodovi

面条

rezanci

意大利面条

špagete

米饭

riža

沙拉

salata

薯条

pomfrit

炸土豆

pečeni krumpir

披萨饼

pica

汉堡包

hamburger

三明治

sendvič

炸猪排

šnicla

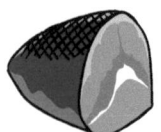

火腿

pršut

萨拉米

salama

香肠

kobasica

鸡肉

kokoš

烤肉

pečenje

鱼

riba

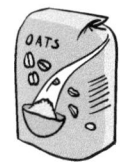

燕麦片

zobene pahuljice

穆兹利

musli

玉米片

kukuruzne pahuljice

面粉

brašno

羊角面包

roščić

面包卷

pecivo

面包

kruh

烤面包

toast

饼干

keksi

黄油

maslac

凝乳

svježi sir

蛋糕

kolač

蛋

jaje

煎蛋

jaje na oko

奶酪

sir

食物 - jelo

冰激凌

sladoled

糖

šećer

蜂蜜

med

果酱

marmelada

巧克力酱

nugat krema

咖喱饭

curry

农场

seosko gazdinstvo

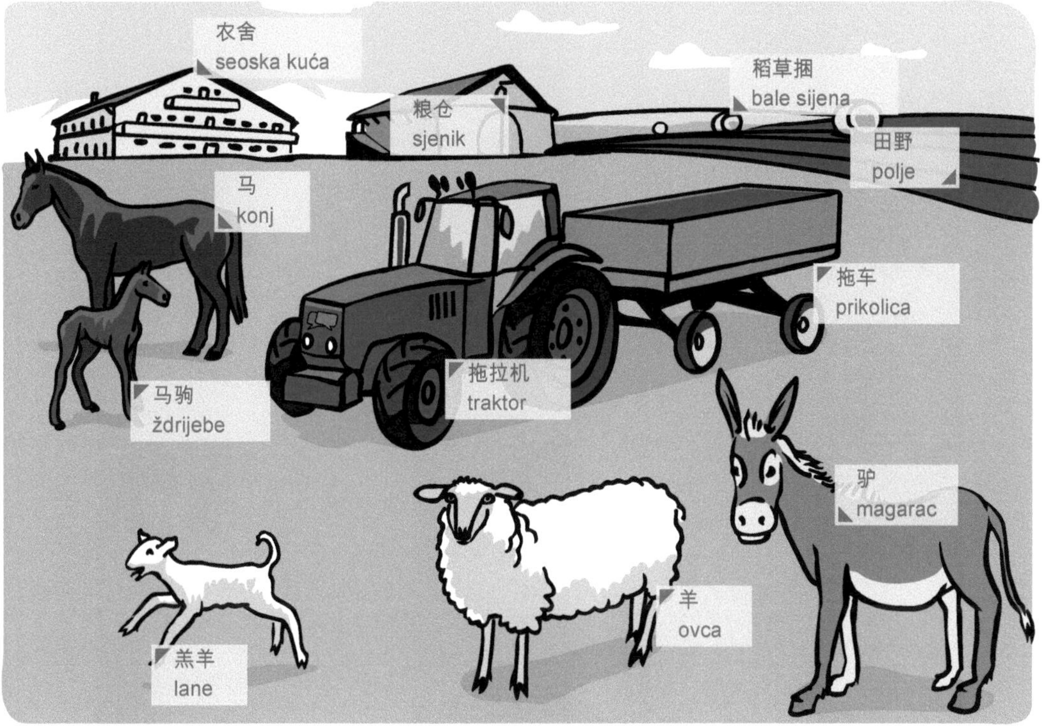
农舍
seoska kuća
粮仓
sjenik
稻草捆
bale sijena
田野
polje
马
konj
拖车
prikolica
拖拉机
traktor
马驹
ždrijebe
驴
magarac
羊
ovca
羔羊
lane

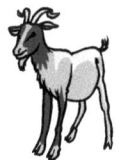

山羊

koza

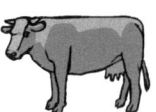

奶牛

krava

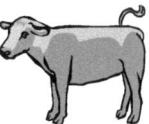

牛犊

tele

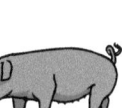

猪

svinja

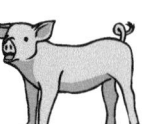

小猪

prase

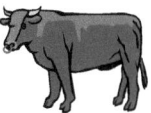

公牛

bik

鹅

guska

鸭

patka

小鸡

pilići

母鸡

kokoš

公鸡

pijetao

鼠

pacov

猫

mačka

老鼠

miš

牛

vol

狗

pas

狗屋

kućica za psa

花园浇水软管

vrtno crijevo

洒水壶

kanta za polijevanje

长柄大镰刀

kosa

犁

plug

镰刀

srp

锄头

motika

长柄草耙

vilica za gnojivo

斧头

sjekira

独轮手推车

tačke

饲料槽

korito

牛奶罐

posuda za mlijeko

麻布袋

vreća

栅栏

ograda

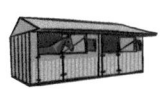

马厩

štala

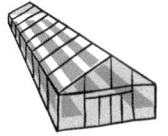

温室

staklenik

土壤

zemlja

种子

sjeme

肥料

gnojivo

联合收割机

kombajn

收割

žanjati

收割

žetva

山药

yams začin

小麦

pšenica

大豆

soja

土豆

krumpir

玉米

kukuruz

油菜籽

uljana repica

果树

voćka

树薯

gomolj manioke

谷物

žitarice

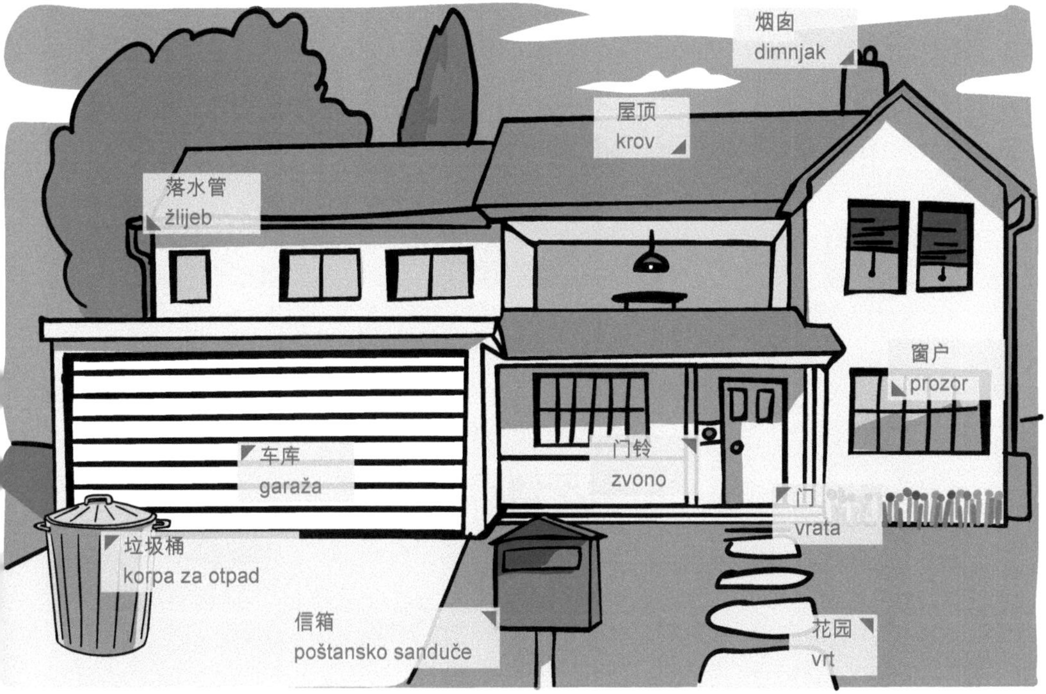

烟囱
dimnjak

屋顶
krov

落水管
žlijeb

车库
garaža

门铃
zvono

窗户
prozor

门
vrata

垃圾桶
korpa za otpad

信箱
poštansko sanduče

花园
vrt

客厅
dnevna soba

浴室
kupaonica

厨房
kuhinja

卧室
spavaća soba

儿童房
dječija soba

餐厅
trpezarija

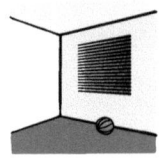

地板

pod

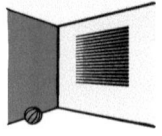

墙壁

zid

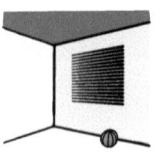

吊顶

strop

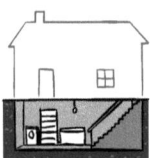

地窖

podrum

桑拿

sauna

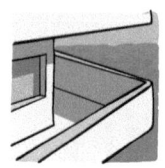

阳台

balkon

露台

terasa

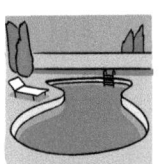

游泳池

bazen

割草机

kosilica za travu

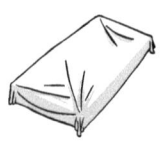

被单

posteljina za krevet

床罩

deka za krevet

床

krevet

扫帚

metla

水桶

kanta

开关

sklopka

客厅
dnevna soba

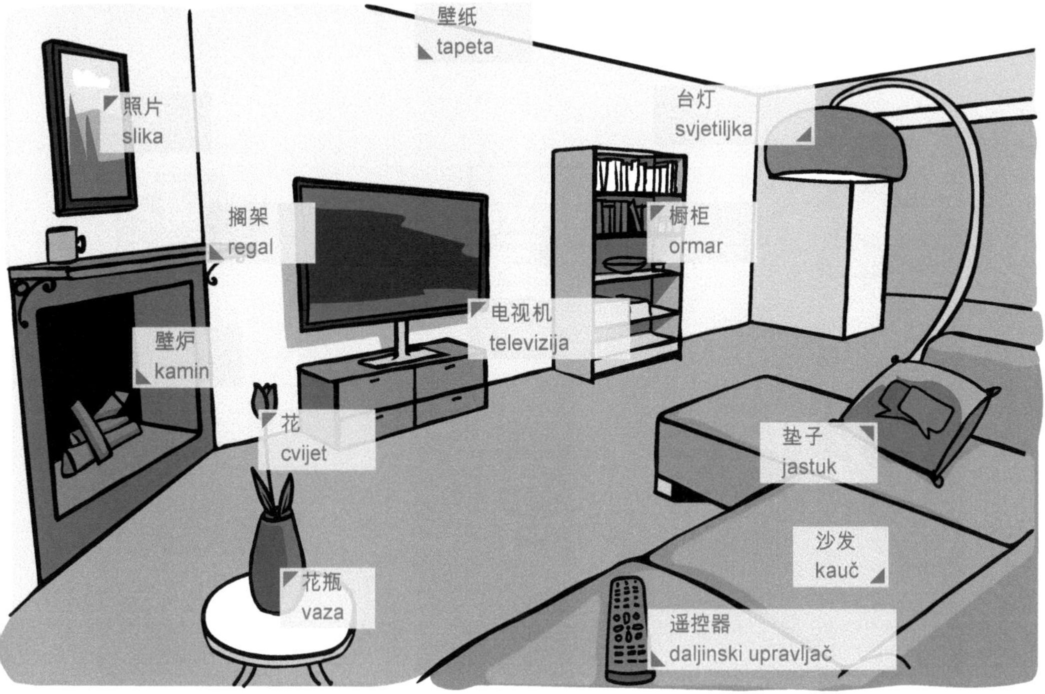
壁纸
tapeta
照片
slika
台灯
svjetiljka
搁架
regal
橱柜
ormar
电视机
televizija
壁炉
kamin
花
cvijet
垫子
jastuk
沙发
kauč
花瓶
vaza
遥控器
daljinski upravljač

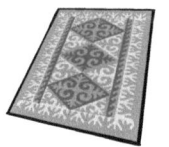

地毯

tepih

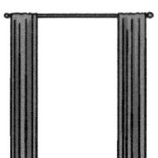

窗帘

zavjesa

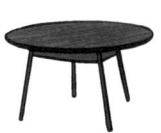

餐桌

stol

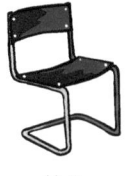

椅子

stolica

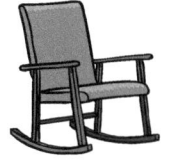

摇椅

stolica za njihanje

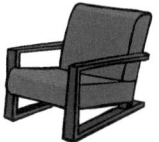

扶手椅

fotelja

书

knjiga

毯子

deka

装饰品

dekoracija

木柴

drvo za ogrjev

电影

film

高保真音响

stereo uređaj

钥匙

ključ

报纸

novine

油画

slika na platnu

海报

poster

收音机

radio

笔记本

blok za pisanje

吸尘器

usisavač

仙人掌

kaktus

蜡烛

svijeća

厨房
kuhinja

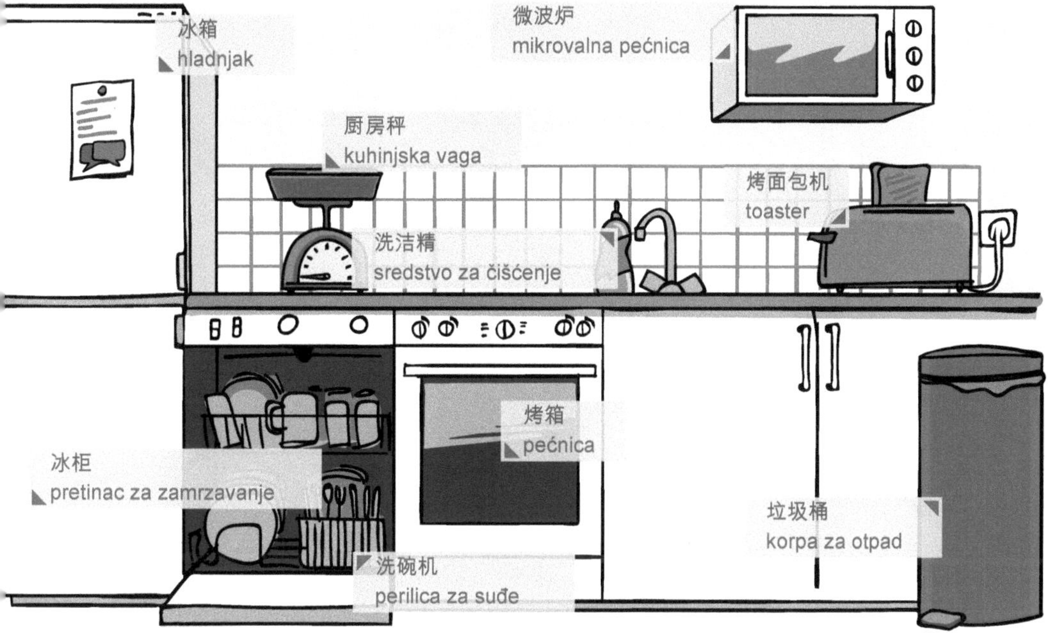
冰箱
hladnjak
微波炉
mikrovalna pećnica
厨房秤
kuhinjska vaga
烤面包机
toaster
洗洁精
sredstvo za čišćenje
烤箱
pećnica
冰柜
pretinac za zamrzavanje
垃圾桶
korpa za otpad
洗碗机
perilica za suđe

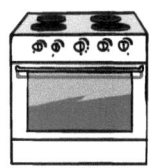

炊具

štednjak

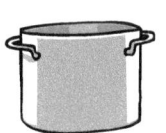

锅

lonac

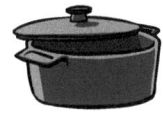

铸铁锅

željezni lonac

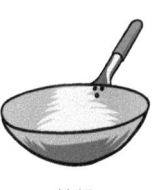

炒锅

wok / kadai

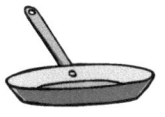

平底锅

tava

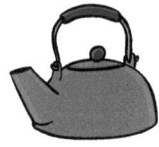

水壶

kuhalo za vodu

蒸锅

kuhalo na paru

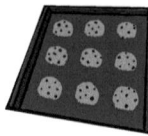

烤盘

lim za pečenje

陶瓷锅

posuđe

马克杯

čaša

碗

zdjela

筷子

štapići za jelo

长柄勺

kutljača

铲子

lopatica

搅拌器

pjenjača

滤网

sito za kuhanje

筛子

sito

磨碎机

ribež

研钵

mužar

烧烤

roštilj

明火

ognjište

菜板
daska

擀面杖
oklagija

开瓶器
vadičep

罐子
konzerva

开罐器
otvarač konzervi

隔热手套
krpa za lonac

水槽
sudoper

刷子
četka

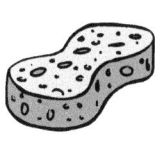

海绵
spužva

搅拌机
mikser

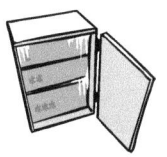

冷藏箱
zamrzivač

奶瓶
bočica za bebe

水龙头
slavina za vodu

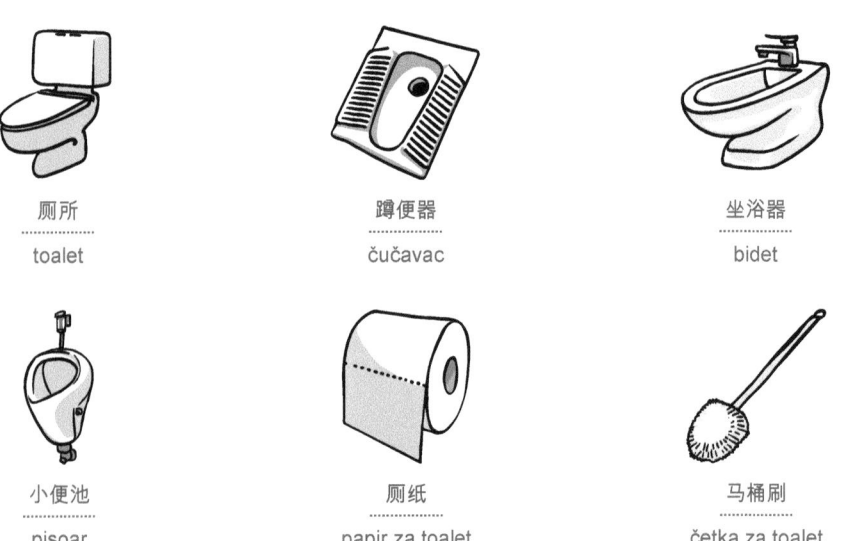

浴室

kupaonica

供暖设备
grijanje
毛巾
ručnik
淋浴
tuš
浴帘
zavjesa za tuš
泡沫浴
pjenušava kupka
浴缸
kada
玻璃杯
čaša
洗衣机
perilica za rublje
水龙头
slavina za vodu
瓷砖
pločice
便壶
dječja kahlica
水槽
sudoper

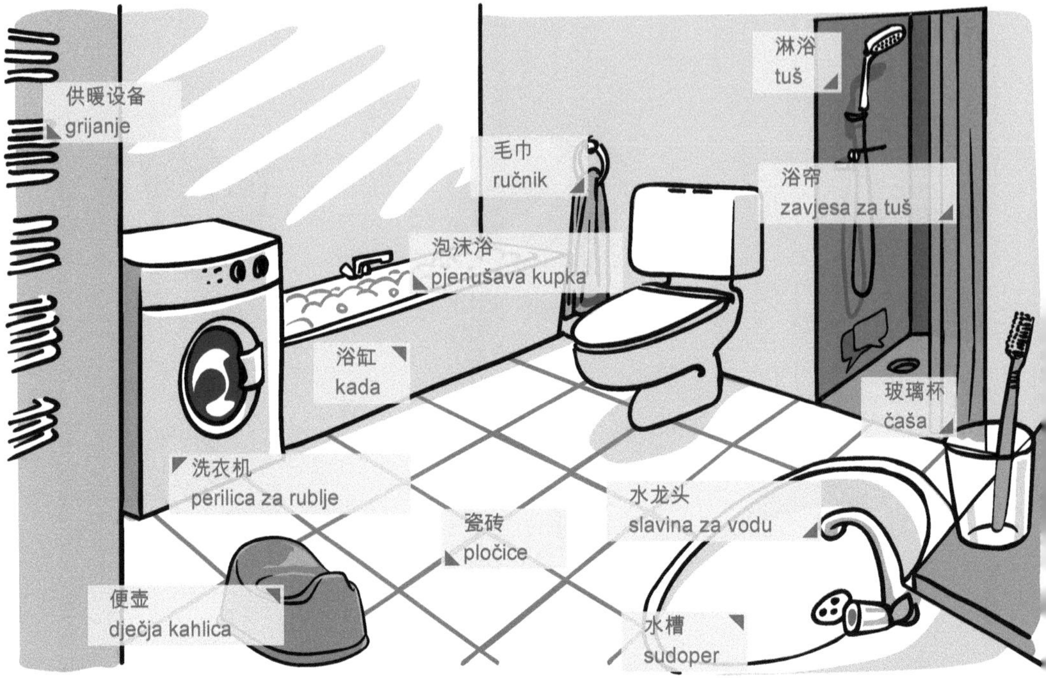

厕所

toalet

蹲便器

čučavac

坐浴器

bidet

小便池

pisoar

厕纸

papir za toalet

马桶刷

četka za toalet

牙刷

četkica za zube

牙膏

pasta za zube

牙线

konac za zube

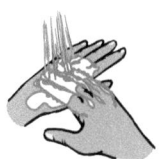

洗

prati

手持式喷淋头

tuš ručica

冲洗器

tuš za pranje intimnih dijelova

洗脸盆

lavor

擦背刷

četka za pranje leđa

肥皂

sapun

沐浴露

gel za tuširanje

洗发水

šampon

法兰绒

krpa za pranje

排水

odvod

乳霜

krema

除臭剂

dezodorans

浴室 - kupaonica

镜子

ogledalo

手镜

kozmetičko ogledalo

剃须刀

brijač

剃须泡沫

pjena za brijanje

须后水

losion za poslije brijanja

梳子

češalj

刷子

četka

吹风机

sušilo za kosu

喷发定型剂

sprej za kosu

化妆品

makeup

唇膏

ruž za usne

指甲油

lak za nokte

化妆棉

vata

指甲剪

škare za nokte

香水

parfem

洗漱包

neseser

凳子

stolica

计重秤

vaga

浴袍

ogrtač

橡胶手套

rukavice za čišćenje

卫生棉条

tampon

卫生巾

uložak

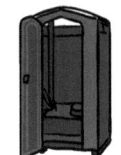

化学厕所

kemijski toalet

儿童房
dječija soba

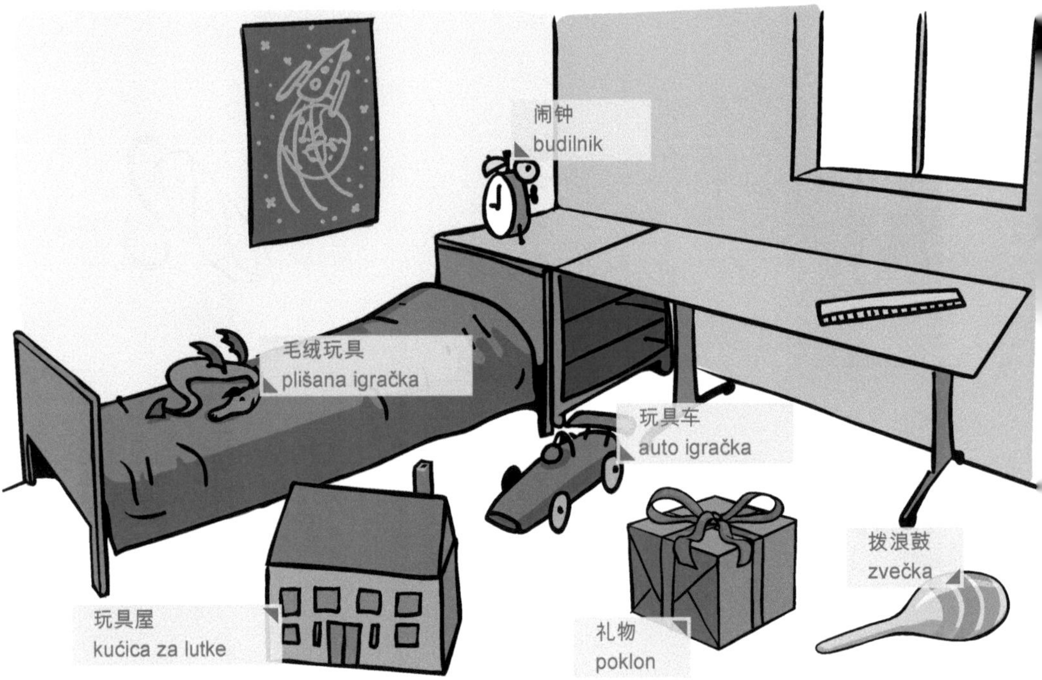

闹钟
budilnik
毛绒玩具
plišana igračka
玩具车
auto igračka
拨浪鼓
zvečka
玩具屋
kućica za lutke
礼物
poklon

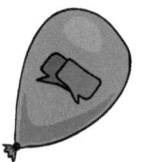

气球

balon

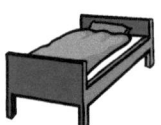

床

krevet

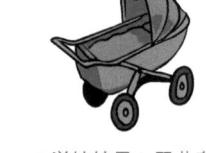

（洋娃娃用）婴儿车

dječija kolica

扑克牌

igra s kartama

拼图

slagalica

SUPER MEGA

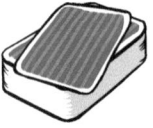

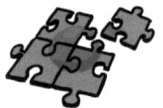

漫画

strip

乐高积木

lego kockice

积木玩具

kockice za slaganje

玩具人

akcioni junak

婴儿服

kombinezon za bebe

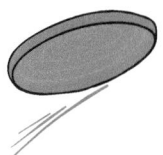

飞盘

frizbi

床铃玩具

viseće igračke

棋盘游戏

društvene igre

骰子

kocka

火车模型

minijaturna željeznica

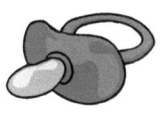

安抚奶嘴

duda

聚会

tulum

绘本

slikovnica

球

lopta

洋娃娃

lutka

玩

igrati

沙坑

pješčanik

秋千

ljuljačka

玩具

igračka

游戏机

konzola za igre

三轮车

tricikl

泰迪熊

plišani medo

衣柜

ormar

衣服

odjeća

袜子

kratke čarape

长袜

čarape

紧身裤

hulahopke

围巾
šal

雨伞
kišobran

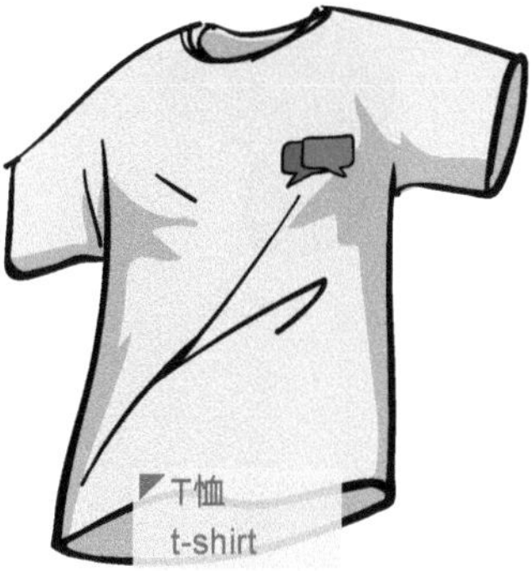

T恤
t-shirt

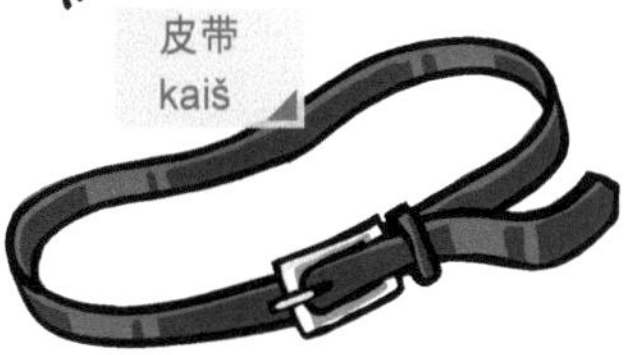

皮带
kaiš

靴子
čizme

拖鞋
papuče

运动鞋
patike

凉鞋

sandale

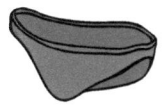

鞋

cipele

雨靴

gumene čizme

内裤

gaćice

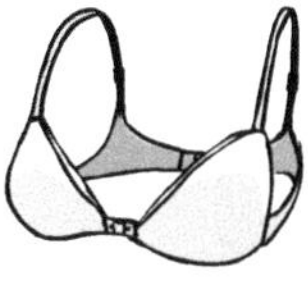

胸罩

grudnjak

背心

potkošulja

身体

bodi

裤子

hlače

牛仔裤

džins

短裙

haljina

女式衬衫

bluza

衬衫

košulja

套头衫

džemper

卫衣

pulover s kapuljačom

西装夹克

blejzer

夹克

jakna

外套

kaput

雨衣

kabanica

套装

kostim

连衣裙

haljina

婚纱

vjenčanica

西装

odijelo

睡袍

spavaćica

睡衣

pidžama

莎丽

sari

头巾

rubac

包头巾

turban

波卡

burka

卡夫坦

kaftan

(阿拉伯式)长袍

abaja

泳衣

kupaći kostim

男式泳裤

kupaće gaćice

短裤

kratke hlače

运动服

odjeća za trening

围裙

pregača

手套

rukavice

衣服 - odjeća

纽扣

gumb

眼镜

naočale

手链

narukvica

项链

ogrlica

戒指

prsten

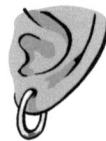

耳环

naušnica

便帽

kapa

衣架

vješalica

帽子

šešir

领带

kravata

拉链

patent zatvarač

头盔

kaciga

背带

naramenice

校服

školska uniforma

制服

uniforma

围兜
podbradak

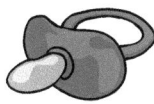

安抚奶嘴
duda

尿不湿
pelena

办公室
ured

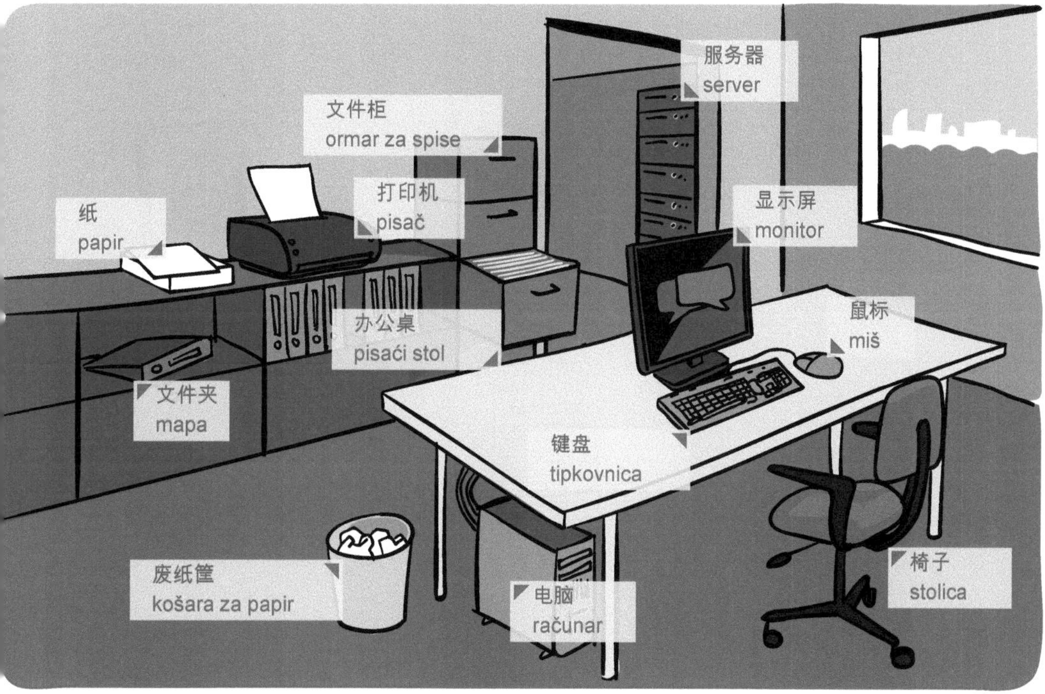

服务器
server

文件柜
ormar za spise

打印机
pisač

纸
papir

显示屏
monitor

鼠标
miš

办公桌
pisaći stol

文件夹
mapa

键盘
tipkovnica

废纸筐
košara za papir

电脑
računar

椅子
stolica

咖啡杯
šalica za kavu

计算器
kalkulator

因特网
internet

笔记本电脑

laptop

信件

pismo

消息

poruka

手机

mobilni telefon

网络

mreža

复印机

uređaj za kopiranje

软件

softver

电话

telefon

插座

utičnica

传真机

faks

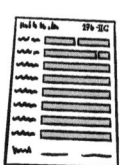

表格

obrazac

文件

dokument

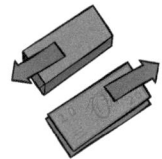

买

kupovati

付钱

platiti

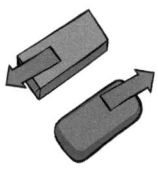

交易

trgovati

现金

novac

美元

dolar

欧元

euro

日元

jen

卢布

rubalj

瑞士法郎

švicarski franak

人民币

renmindbi yuan

卢比

rupija

提款处

automat za novac

外币兑换处

mjenjačnica

金

zlato

银

srebro

石油

nafta

能源

energija

价格

cijena

合同

ugovor

税金

porez

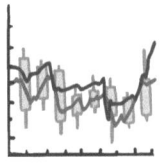

股票

dionica

工作

raditi

职员

službenik

老板

poslodavac

工厂

tvornica

商店

prodavaonica

职业

zanimanja

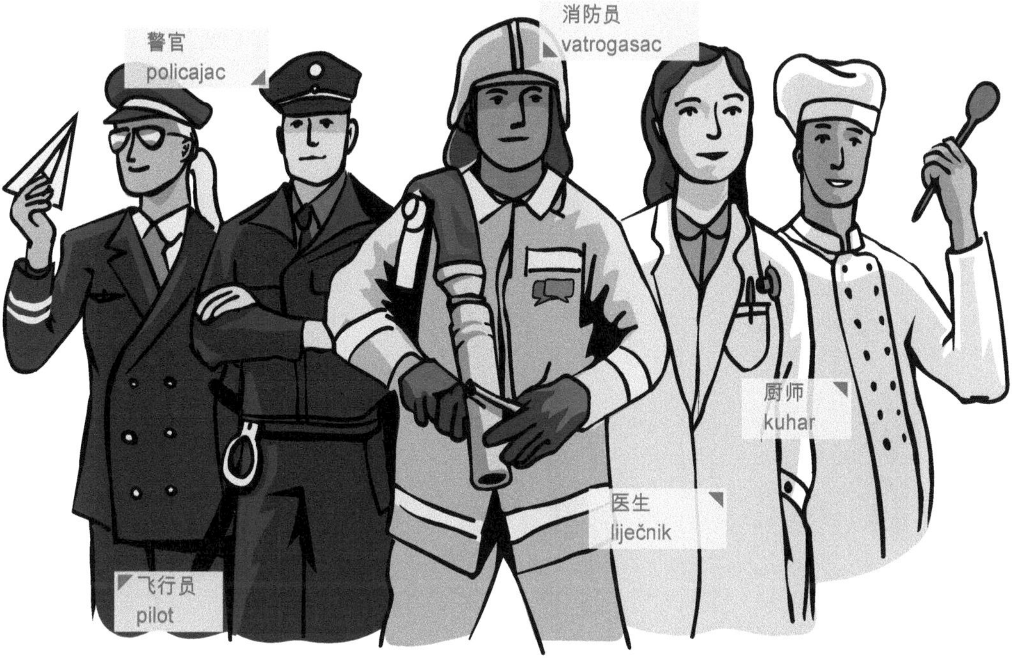

警官
policajac
消防员
vatrogasac
飞行员
pilot
医生
liječnik
厨师
kuhar

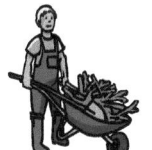

园丁

vrtlar

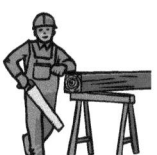

木匠

stolar

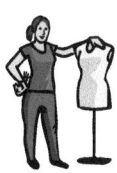

裁缝

krojačica

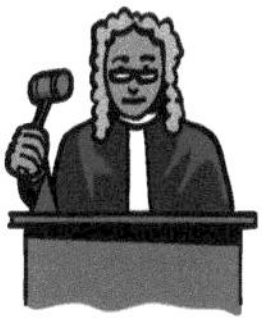

法官

sudija

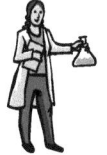

化学家

kemičar

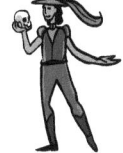

演员

glumac

公交车司机

vozač autobusa

出租车司机

vozač taksija

渔夫

ribar

清洁女工

čistačica

屋顶工

krovopokrivač

服务员

konobar

猎人

lovac

画家

slikar

面包师

pekar

电工

električar

建筑工人

građevinski radnik

工程师

inženjer

屠夫

mesar

水管工

limar

邮递员

poštar

士兵

vojnik

建筑师

arhitekta

收银员

blagajnik

花农

cvjećar

理发师

frizer

售票员

kondukter

机械师

mehaničar

船长

kapetan

牙医

zubar

科学家

znanstvenik

拉比

rabi

伊玛目

imam

和尚

monah

牧师

svećenik

工具
alati

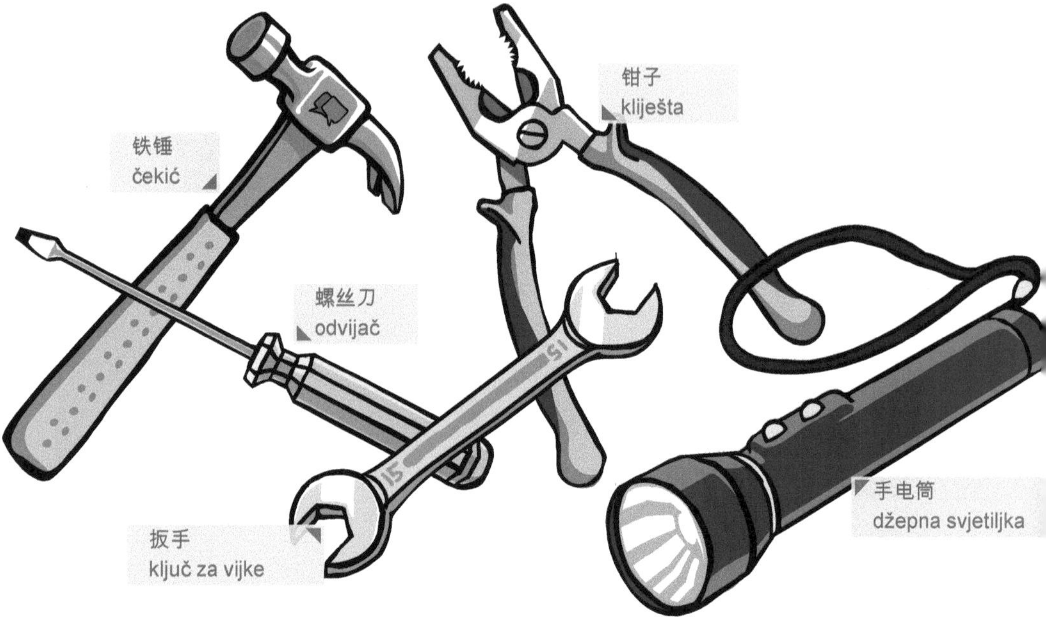
钳子
kliješta
铁锤
čekić
螺丝刀
odvijač
手电筒
džepna svjetiljka
扳手
ključ za vijke

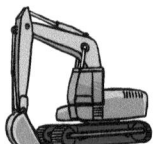

挖掘机
rovokopač

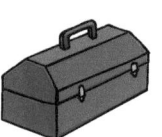

工具箱
kutija za alat

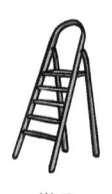

梯子
ljestve

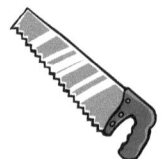

锯子
pila

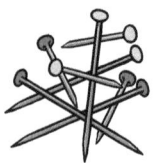

钉子
ekser

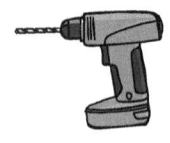

钻机
bušilica

修
popraviti

铲子
lopata

靠！
Sranje!

簸箕
lopatica

油漆桶
lonac za boju

螺丝
vijci

乐器
glazbeni instrument

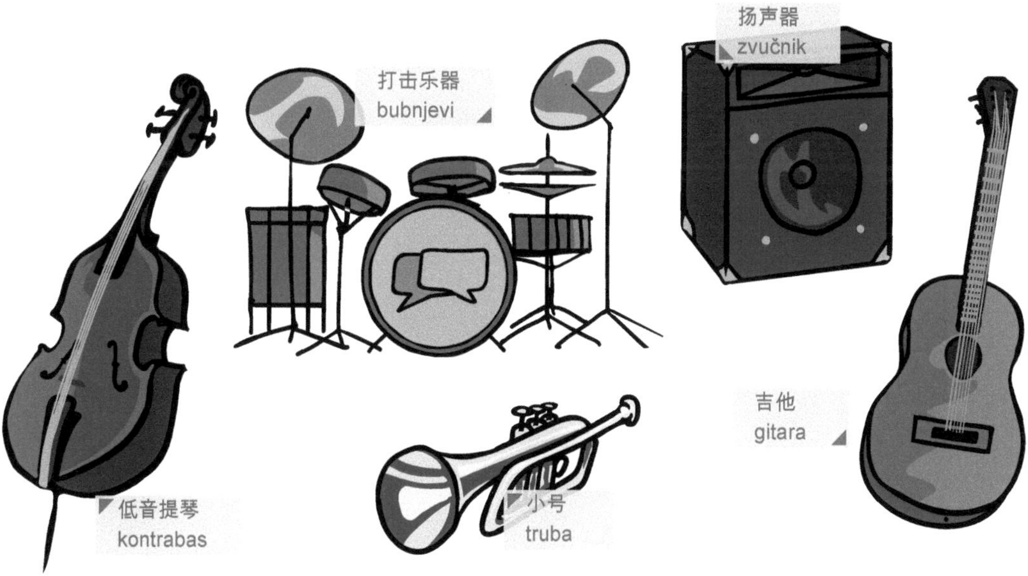

打击乐器
bubnjevi

扬声器
zvučnik

吉他
gitara

低音提琴
kontrabas

小号
truba

钢琴

klavir

小提琴

violina

贝斯

bas

定音鼓

timpani

鼓

udaraljke za bubnjeve

电子琴

keyboard

萨克斯管

saksofon

长笛

flauta

麦克风

mikrofon

动物园

zoološki vrt

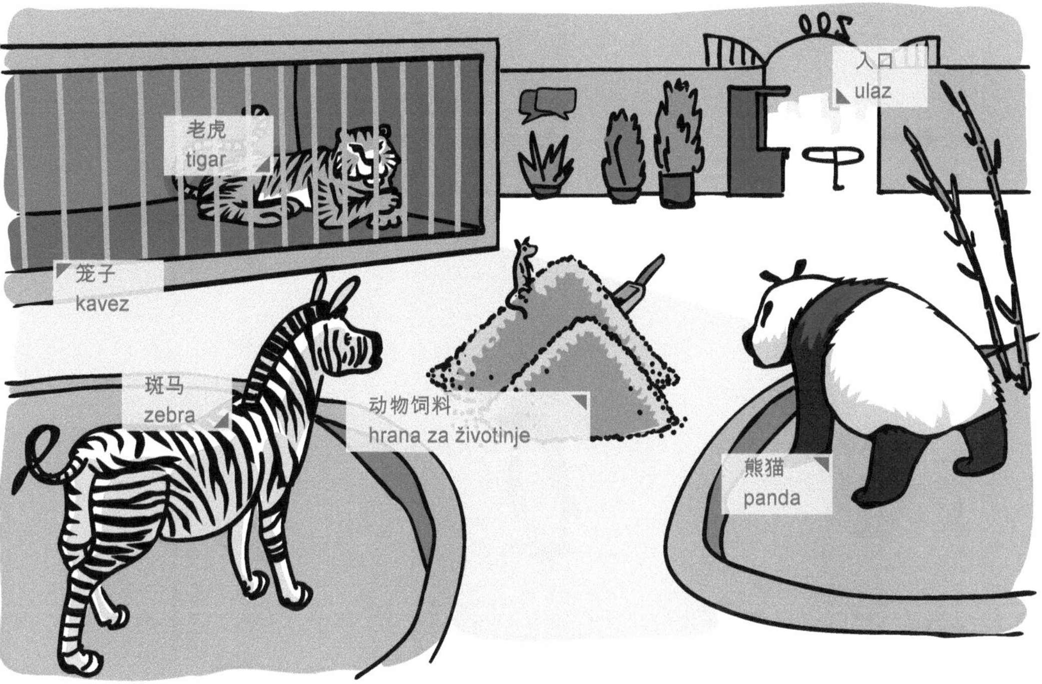

zoo
入口
ulaz
老虎
tigar
笼子
kavez
斑马
zebra
动物饲料
hrana za životinje
熊猫
panda

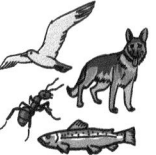

动物

životinje

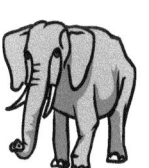

大象

slon

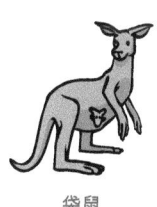

袋鼠

kengur

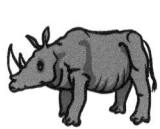

犀牛

nosorog

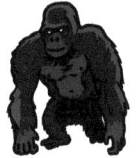

大猩猩

gorila

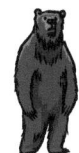

熊

medvjed

骆驼

kamila

鸵鸟

noj

狮子

lav

猴子

majmun

火烈鸟

flamingo

鹦鹉

papagaj

北极熊

polarni medvjed

企鹅

pingvin

鲨鱼

ajkula

孔雀

paun

蛇

zmija

鳄鱼

krokodil

动物园管理员

čuvar u zoološkom vrtu

海豹

tuljan

美洲豹

jaguar

矮种马
poni

豹
leopard

河马
nilski konj

长颈鹿
žirafa

老鹰
orao

野猪
divlja svinja

鱼
riba

龟
kornjača

海象
morž

狐狸
lisica

羚羊
gazela

橄榄球
američki nogomet

骑自行车
biciklizam

网球
tenis

篮球
košarka

游泳
plivanje

拳击
boks

冰球
hockey na ledu

英式足球

nogomet

羽毛球

badminton

田径

atletika

手球

rukomet

滑雪

skijanje

马球

polo

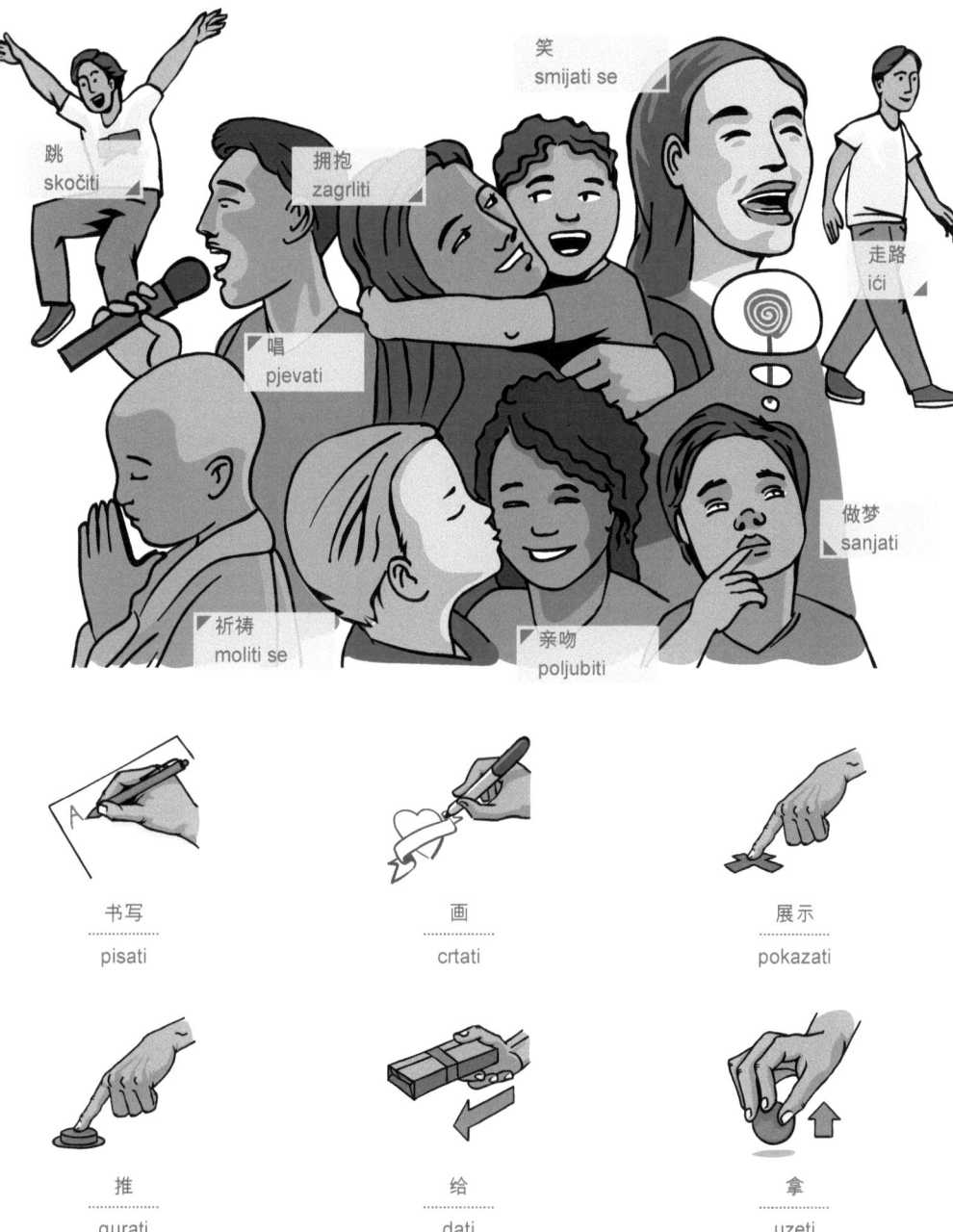

跳
skočiti

拥抱
zagrliti

笑
smijati se

走路
ići

唱
pjevati

做梦
sanjati

祈祷
moliti se

亲吻
poljubiti

书写
pisati

画
crtati

展示
pokazati

推
gurati

给
dati

拿
uzeti

有
imati

做
činiti

当
biti

站
stojati

跑
trčati

拉
povlačiti

扔
baciti

摔倒
padati

躺
ležati

等待
čekati

携带
nositi

坐
sjediti

穿衣
oblačiti

睡觉
spavati

醒来
probuditi se

看
gledati

哭
plakati

抚摸
milovati

梳头
češljati

交谈
govoriti

明白
razumjeti

问
pitati

听
slušati

喝
piti

吃
jesti

清理
pospremiti

爱
voljeti

做饭
kuhati

开车
voziti

飞
letjeti

航行

ploviti

计算

računati

读

čitati

学习

učiti

工作

raditi

结婚

vjenčati se

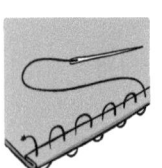

缝

šiti

刷牙

prati zube

杀

ubiti

抽烟

pušiti

寄

poslati

家

obitelj

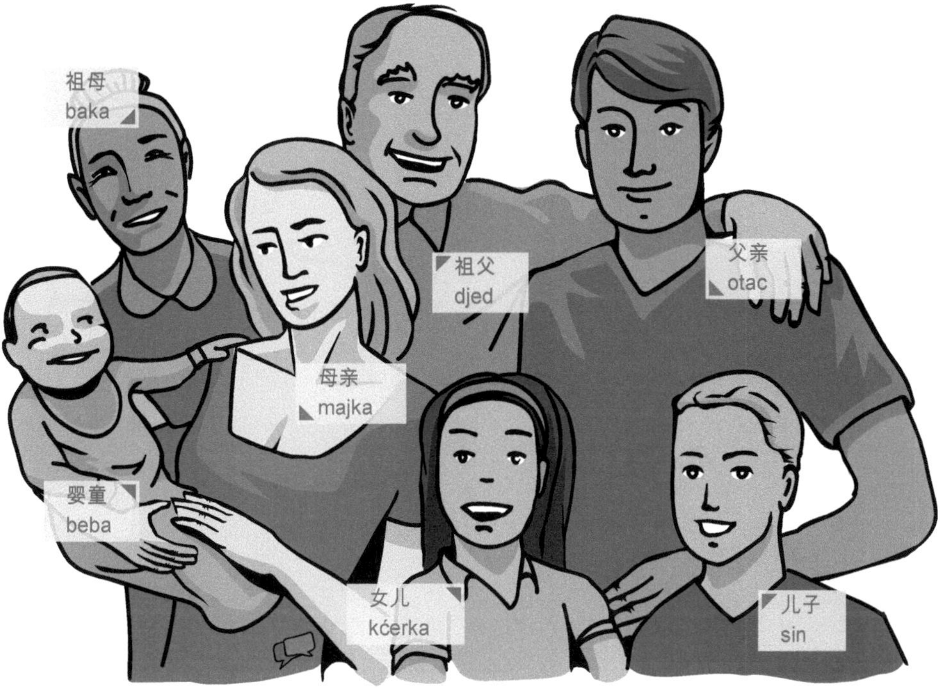

祖母
baka
祖父
djed
父亲
otac
母亲
majka
婴童
beba
女儿
kćerka
儿子
sin

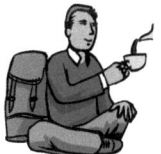

客人

gost

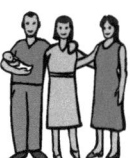

阿姨

tetka

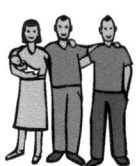

叔叔

ujak, stric

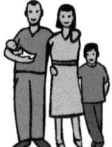

兄弟

brat

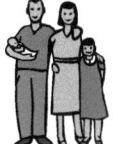

姐妹

sestra

身体
tijelo

前额
čelo
眼睛
oko
肩膀
rame
手指
prst
脸
lice
下巴
brada
手
ruka
腿
noga
乳房
grudi
手臂
ruka

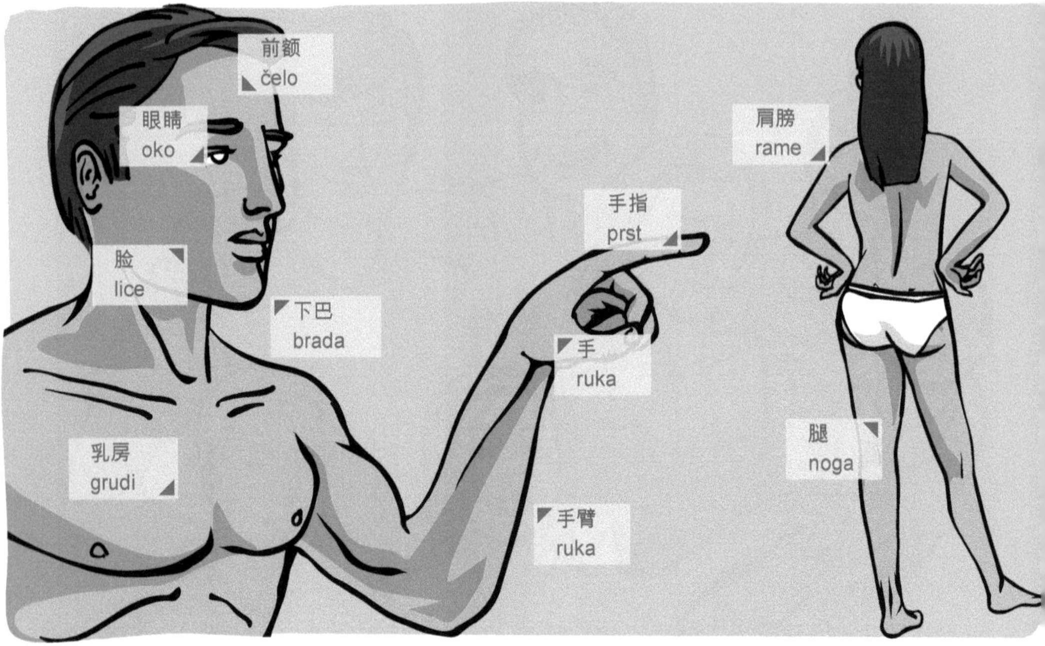

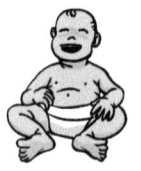

婴童
beba

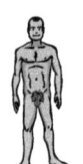

男人
muškarac

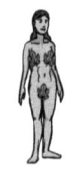

女人
žena

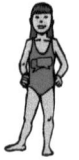

女孩
djevojčica

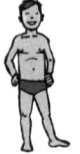

男孩
dječak

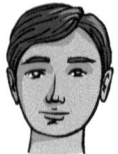

头
glava

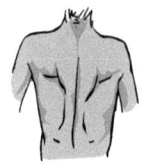

背部

leđa

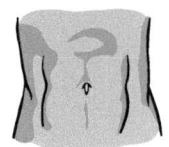

肚子

trbuh

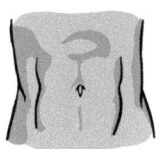

肚脐

pupak

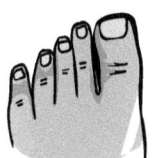

脚趾

nožni prst

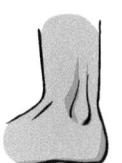

脚后跟

peta

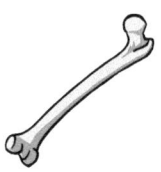

骨头

kost

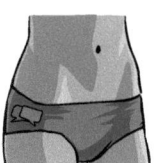

臀部

kuk

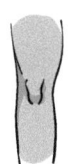

膝盖

koljeno

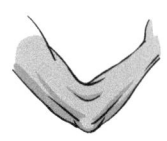

手肘

lakat

鼻子

nos

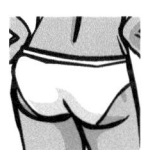

屁股

stražnjica

皮肤

koža

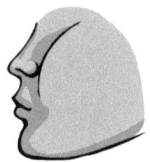

脸颊

obraz

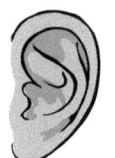

耳朵

uho

嘴唇

usna

嘴
usta

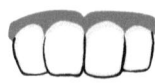

牙齿
zub

舌头
jezik

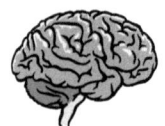

脑
mozak

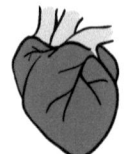

心脏
srce

肌肉
mišić

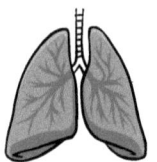

肺
pluća

肝脏
jetra

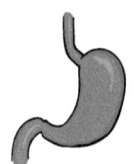

胃
želudac

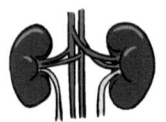

肾脏
bubrezi

性交
snošaj

避孕套
kondom

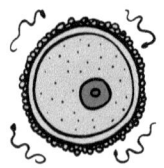

卵子
jajna stanica

精子
sperma

怀孕
trudnoća

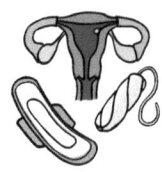

月经

menstruacija

阴道

vagina

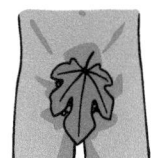

阴茎

penis

眉毛

obrva

头发

kosa

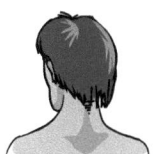

脖子

vrat

医院
bolnica

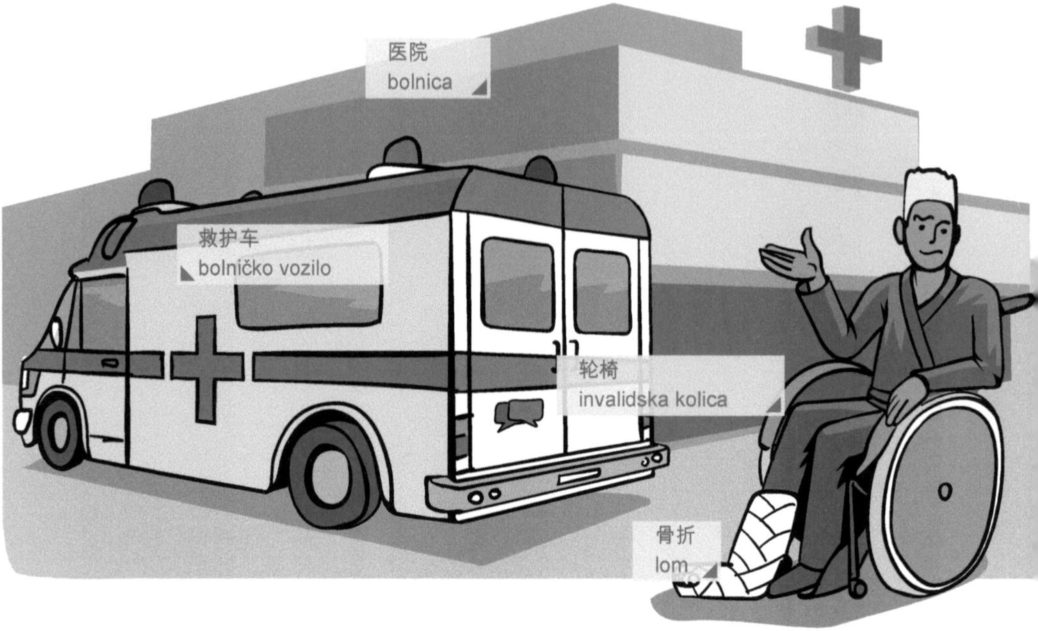

医院
bolnica
救护车
bolničko vozilo
轮椅
invalidska kolica
骨折
lom

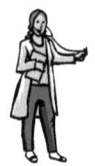

医生

liječnik

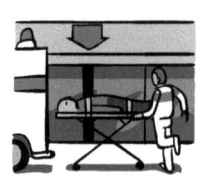

急诊室

hitna medicinska služba

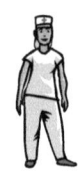

护士

medicinska sestra

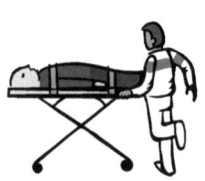

紧急情况

hitni slučaj

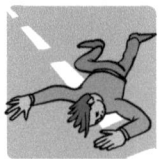

昏迷

nesvijest

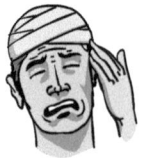

痛

bol

受伤

ozljeda

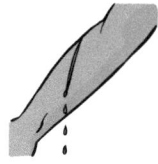

出血

krvarenje

心脏病发作

srćani infarkt

中风

moždani udar

过敏

alergija

咳嗽

kašalj

发烧

groznica

流感

gripa

腹泻

proljev

头痛

glavobolja

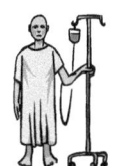

癌症

rak

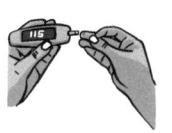

糖尿病

dijabetes

外科医生

kirurg

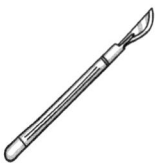

手术刀

skalpel

手术

operacija

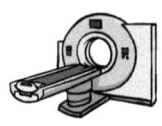

CT
ct

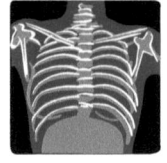

X光
rentgen

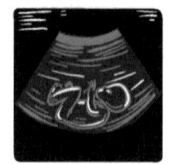

超声波
ultrazvuk

口罩
maska

疾病
bolest

候诊室
čekaonica

拐杖
štaka

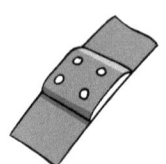

石膏
flaster

绷带
zavoj

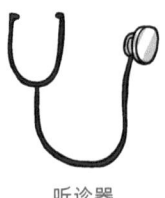

注射
injekcija

听诊器
stetoskop

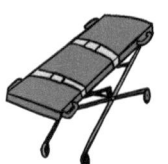

担架
nosilo

体温计
termometar

出生
rođenje

超重
prekomjerna težina

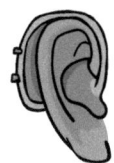

助听器

slušni aparat

消毒液

sredstvo za dezinfekciju

感染

infekcija

病毒

virus

艾滋病

hiv / sida

药物

medicina

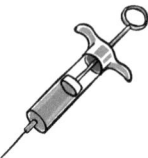

接种疫苗

vakcinacija

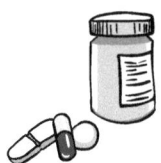

药片

tablete

药丸

pilula

急救电话

poziv u pomoć

血压计

uređaj za mjerenje tlaka

生病/健康

bolesno / zdravo

救命！

pomoć!

警报

alarm

突击

nasrtaj

攻击

napad

危险

opasnost

紧急出口

izlaz za nuždu

着火啦！

požar!

灭火器

vatrogasni aparat

意外

nezgoda

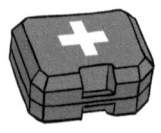

急救箱

kofer prve pomoći

呼救信号

sos

警察

policija

欧洲

Europa

北美洲

sjeverna amerika

南美洲

južna amerika

非洲

Afrika

亚洲

Azija

澳洲

Australija

大西洋

Atlantik

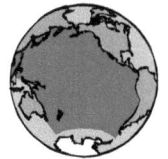

太平洋

Pacifik

印度洋

ocean

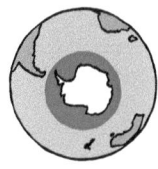

南冰洋

antarktički ocean

北冰洋

arktički ocean

北极

sjeverni pol

南极

južni pol

南极洲

Antarktik

地球

zemlja

陆地

zemlja

海

more

岛

otok

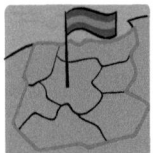

国家

nacija

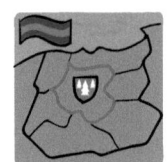

国家

država

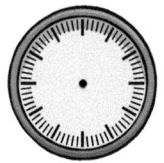

钟面

brojčanik sata

时针

satna kazaljka

分针

minutna kazaljka

秒针

sekundna kazaljka

现在几点？

Koliko je sati?

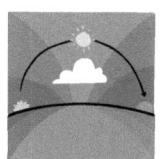

天

dan

时间

vrijeme

现在

sada

电子表

digitalni sat

分

minuta

时

sat

周

tjedan

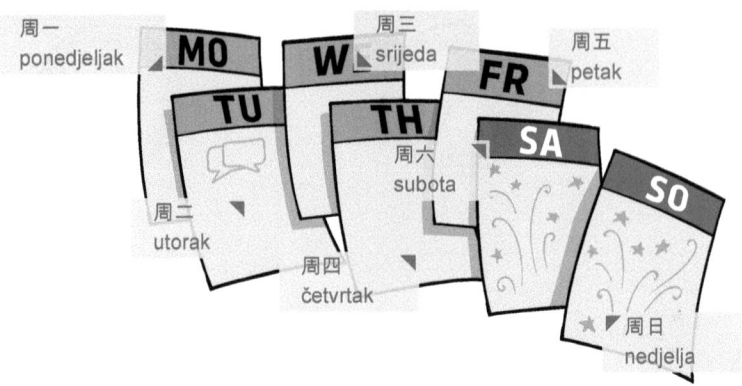

周一 ponedjeljak
周二 utorak
周三 srijeda
周四 četvrtak
周五 petak
周六 subota
周日 nedjelja

昨天

jučer

今天

danas

明天

sutra

早晨

jutro

中午

podne

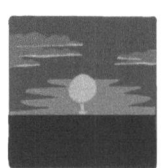

晚上

večer

工作日

radni dani

周末

vikend

雨
kiša

彩虹
duga

风
vjetar

雪
snijeg

春
proljeće

秋
jesen

夏
ljeto

冬
zima

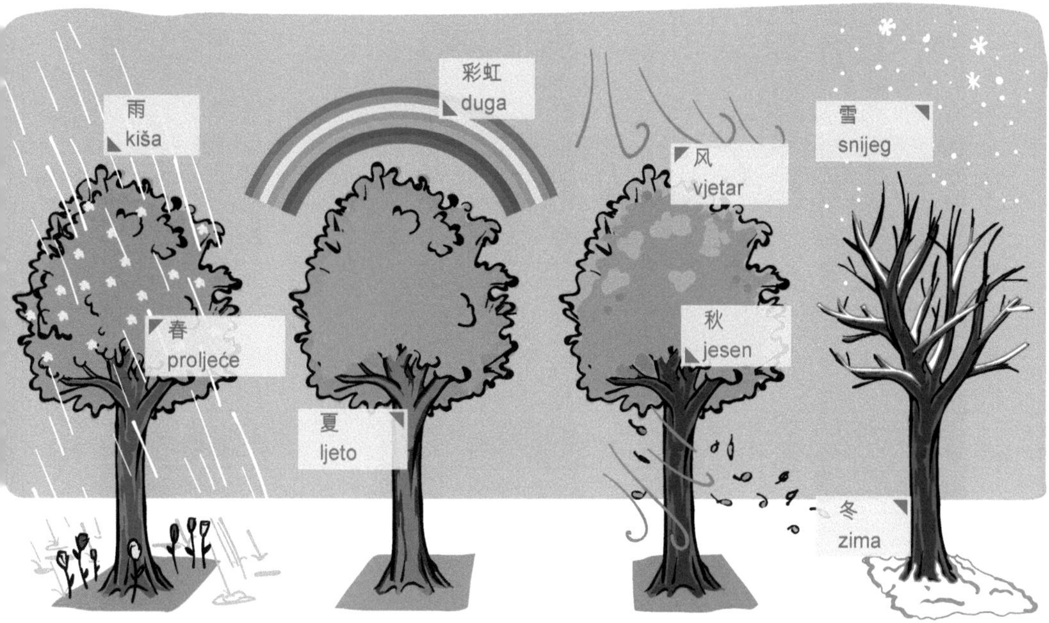

天气预报

meteorološka prognoza

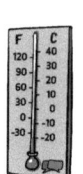

温度计

termometar

阳光

sunčana svjetlost

云

oblak

雾

magla

潮湿

vlažnost zraka

闪电

munja

打雷

grmljavina

风暴

oluja

冰雹

tuča

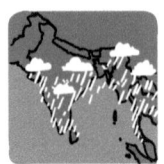

季风

monsun

洪水

poplava

冰

led

一月

siječanj

二月

veljača

三月

ožujak

四月

travanj

五月

svibanj

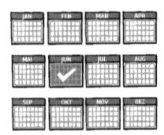

六月

lipanj

七月

srpanj

八月

kolovoz

年 - godina

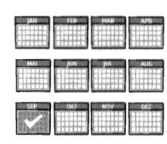

九月

rujan

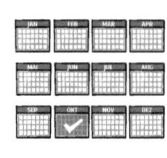

十月

listopad

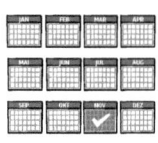

十一月

studeni

十二月

prosinac

形状

oblici

圆形

krug

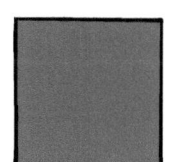

正方形

kvadrat

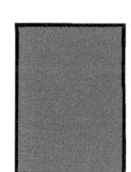

长方形

pravokutnik

三角形

trokut

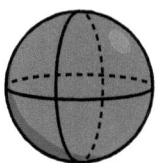

球体

kugla

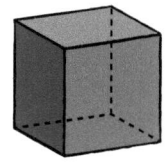

立方体

kocka

白

bijela

黄

žuta

橙

narančasta

粉

ružičasta

红

crvena

紫

ljubičasta

蓝

plava

绿

zelena

棕

smeđa

灰

siva

黑

crna

很多/少许

mnogo / malo

生气/平静

ljutito / mirno

美/丑

lijepo / ružno

首/尾

početak / kraj

大/小

veliko / maleno

明/暗

svijetlo / tamno

兄弟/姐妹

brat / sestra

干净/肮脏

čisto / prljavo

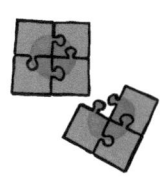

完整/缺失

potpuno / nepotpuno

白天/晚上

dan / noć

死/生

mrtvo / živo

宽/窄

široko / usko

可食用/非食用

jestivo / nejestivo

邪恶/善良

zlo / dobro

兴奋/无聊

uzbuđeno / dosadno

胖/瘦

debelo / mršavo

第一/最后

na početku / na kraju

朋友/敌人

prijatelj / neprijatelj

满/空

puno / prazno

硬/软

tvrdo / mekano

重/轻

teško / lagano

饿/渴

glad / žeđ

生病/健康

bolesno / zdravo

非法/合法

ilegalno / legalno

聪明/愚笨

pametno / glupo

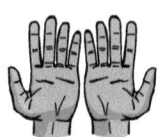

左/右

lijevo / desno

近/远

blizu / daleko

新/旧

novo / rabljeno

没有/有些

ništa / nešto

老/幼

staro / mlado

开/关

uključeno / isključeno

打开/合上

otvoreno / zatvoreno

安静/吵闹

tiho / glasno

富/穷

bogato / siromašno

对/错

točno / pogrešno

粗糙/光滑

hrapavo / glatko

伤心/高兴

tužno / sretno

短/长

kratko / dugo

慢/快

polako / brzo

湿/干

mokro / suho

温暖/凉爽

toplo / hladno

战争/和平

rat / mir

反义词 - suprotnosti

数字

brojevi

0

零

nula

1

一

jedan

2

二

dva

3

三

tri

4

四

četiri

5

五

pet

6

六

šest

7

七

sedam

8

八

osam

9

九

devet

10

十

deset

11

十一

jedanaest

12
十二
dvanaest

13
十三
trinaest

14
十四
četrnaest

15
十五
petnaest

16
十六
šestnaest

17
十七
sedamnaest

18
十八
osamnaest

19
十九
devetnaest

20
二十
dvadeset

100
百
stotinu

1.000
千
tisuću

1.000.000
百万
milijun

英语

engleski

美式英语

američko engleski

普通话

kinesko mandarinski

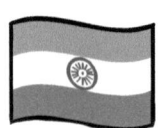

印地语

hindi

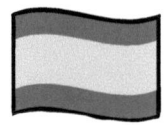

西班牙语

španjolski

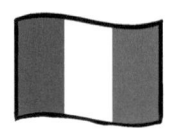

法语

francuski

阿拉伯语

arapski

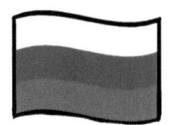

俄语

ruski

葡萄牙语

portugalski

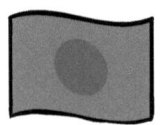

孟加拉语

bengalski

德语

njemački

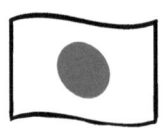

日语

japanski

我
ja

你
ti

他/她/它
on / ona / ono

我们
mi

你们
vi

他们
oni

谁？
tko?

什么？
što?

怎样？
kako?

哪里？
gdje?

什么时候？
kada?

名字
ime

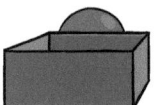

后面

iza

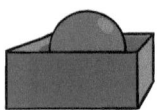

里面

u

前面

ispred

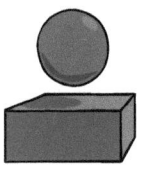

上方

preko

上面

na

下面

ispod

旁边

pored

中间

između

地点

mjesto